Für Una, Flo, Leo und Elena (A. L.)

Danke an die Geoökologin Dr. Janet Maringer
für die Inspiration und den Input.

Danke an die Schäferin Barbara Zeppenfeld für den Input.

Danke an das Deutsche Fleischermuseum Böblingen und den
Kinder- und Jugendliteratursommer Baden-Württemberg
für die Förderung des Projekts.

Die Deutsche Nationalbibliothek verzeichnet diese Publikation in der
Deutschen Nationalbibliografie; detaillierte bibliografische Daten sind
im Internet über http://dnb.ddb.de abrufbar.

Liebe, Andrea (Illustratorin)
Fröhlich, Mareike (Autorin)
Eddy rettet den Wiedehopf
ISBN 978-3-948696-14-6

Gestaltung: wunderlichundweigand, Schwäbisch Hall
Druck und Bindung: Finidr s.r.o./CZ

ANDREA LIEBE   MAREIKE FRÖHLICH

EDDY RETTET DEN WIEDEHOPF

»Langweilig«, mault Eddy vor sich hin.
»Wie können die anderen Schafe nur
rumstehen, grasen und schlafen?
Das ist sooo langweilig.«
Eddy seufzt. »Wenn doch endlich mal etwas
Aufregendes passieren würde.«

Aber es passiert nichts Aufregendes.
Also turnt Eddy ein bisschen umher.
Er hüpft, schlägt Purzelbäume,
macht einen Kopfstand und ...

OJE
OJE
OJEMINE

... hört etwas.

»Oje, oje, ojemine«, ruft da jemand.

Eddy schaut sich um, sucht diesen Jemand. Am Himmel
endeckt er einen Vogel, der von links nach rechts nach unten
nach links nach rechts und auf Eddy zu flattert.

»Oje, oje, ojemine«, ruft der Vogel.

Eddy hat noch nie so einen seltsamen Vogel gesehen.
Mit langen Federn auf dem Kopf.

»Was ist denn los mit dir?«, fragt er.

»Ich bin so müde«, murmelt der Vogel. »Aber ich finde
keine Höhle. Alle Höhlen sind verschwunden.«

»Verschwunden?«, fragt Eddy. »Kannst du dir nicht
einfach ein Nest bauen?«

»Nein, ich bin ein Wiedehopf und Wiedehopfe können
keine Nester bauen. Sie wohnen in Baumhöhlen oder
einem schönen Steinhaufen.«

»Koooooomt, meine Schäflein.« Das ist Annika,
die Schäferin, die nach ihren Schafen ruft.
»Wir ziehen weiter. Kooomt. Auf, auf, zur neuen Weide.«
Mietze, die Schäferhündin, treibt die Schafe zusammen.
»Oje, oje, ojemine«, jammert der Wiedehopf. »Was soll ich
nur tun? Ich brauche doch ein Zuhause.«
Da hat Eddy eine Idee. Und die ist gar nicht langweilig.
Kein Rumstehen, Grasen oder einfach nur
zur nächsten Weide laufen.
»Wir suchen auf dem Weg ein Zuhause für dich«,
sagt er.

Während sie den anderen Schafen und Annika, der Schäferin, folgen, erzählt der Wiedehopf: »Wenn es in Deutschland kalt ist, dann wohne ich in Afrika.«

»Da ist es im Winter schön warm.
Im Frühling komme ich zurück – fliege
über die Wüste, über das Meer und über die
Berge. So viele tolle Sachen sehe ich von
oben. Aber der Weg ist weit und das Fliegen
anstrengend. Darum bin ich so müde, wenn
ich ankomme.«

Annika führt die Schafe über Wiesen und Felder und am Rand eines Wäldchens entlang.

Eddy bleibt an jedem Baum stehen und sucht nach einer Baumhöhle.

Er schaut hinter jedem Strauch nach einem Steinhaufen.

»Keine Höhle, kein Steinhaufen«, sagt der Wiedehopf.

Eddy schüttelt den Kopf, denn er weiß genau,

was der Wiedehopf sagen will. »Nein, kein Oje oje,

ojemine. So schnell geben wir nicht auf.«

So sehr sie auch suchen, sie finden keine Baumhöhle.

Und keinen Steinhaufen.

»Sag ich doch«, schluchzt der Wiedehopf. »Alle verschwunden.«

Nun ist auch Eddy traurig – weil sie auf der neuen Weide
angekommen sind und nicht mehr weitersuchen können.

»Das ist doof.« Eddy lässt sich auf den Boden plumpsen.

»Aua!«

»Blöder Stein.«
Eddy nimmt den Stein und wirft ihn weg.

Der Stein landet auf einem anderen Stein.
Eddy schaut den Wiedehopf an
und der Wiedehopf schaut Eddy an.
»Steine«, rufen sie gleichzeitig.

PLONG

JUHUUU

»Wir bauen dir selbst eine Höhle«, ruft Eddy.
»Oh ja!« Schon flattert der Wiedehopf los
und bringt den ersten Stein.
Einen kleinen Stein. Denn ein größerer
passt nicht in seinen Schnabel.
Doch aus kleinen Steinen können Eddy
und der Wiedehopf keinen Steinhaufen
mit einer Höhle darin bauen.

Eddy holt einen Stein nach dem anderen, während die anderen
Schafe nur rumstehen, grasen oder schlafen.

Das sind richtig schwere Steine und Eddy tun schon bald die Arme weh.

Doch dann schaut eines der Schafe auf. »Was macht ihr da?«, fragt es.

»Wir bauen eine Steinhöhle«, erklärt Eddy. »Für den Wiedehopf.

Er braucht ein Zuhause.«

Das Schaf schaut von Eddy zum
Wiedehopf und wieder zu Eddy.
»Ich helfe euch!«
Und schon rennt es los und holt einen
großen Stein.

Nun schauen auch die anderen Schafe neugierig zu.

Und dann ...

Ein weiteres Schaf läuft los und sammelt Steine.

Und noch eins. Und noch eins. Alle Schafe machen mit.

Sogar Mietze, die Schäferhündin hilft.

Der Steinhaufen wächst und wächst und wächst.

Da hat Annika eine Idee. »Wollen wir etwas Wolle in die Höhle legen,
damit es der Wiedehopf kuschelig warm hat?«
Der Wiedehopf ist ganz gerührt, denn nicht nur Eddy, sondern
auch die anderen Schafe schenken ein bisschen etwas von ihrer Wolle her.
Annika legt die Wolle in die Höhle.

Der Wiedehopf ist ganz aufgeregt. Und irgendwie ist das Eddy auch.

»Das ist der schönste Steinhaufen, den ich je gesehen habe«, sagt der Wiedehopf und schlüpft durch einen Spalt in sein neues Zuhause.

Als er den Kopf wieder herausstreckt, sagt er zu Eddy: »Danke, mein Freund.«

»Dafür sind Freunde da.« Eddy schaut zu den anderen Schafen.

»Oder nicht?«

Da sind sich alle einig: »Mähäähhhh!«

»Ach, was für ein Abenteuer!«,
murmelt Eddy, gähnt und reibt sich
die Augen.
Wie gut, dass er ein Schaf ist und
nach so einem Abenteuer einfach
rumstehen, grasen und schlafen
kann, wie es ihm gefällt.